AF509114

# GROTTES PRÉHISTORIQUES

## DE LA TÉNARÈZE

# GROTTES PRÉHISTORIQUES

## DE LA TÉNARÈZE

### (GERS, LOT-ET-GARONNE)

PAR

## M. l'Abbé A. BREUILS

Membre de la Société historique de Gascogne

---

**PRIX : 1 Franc**

---

## PARIS

**LIBRAIRIE ORIENTALE ET AMÉRICAINE MAISONNEUVE**

25, QUAI VOLTAIRE, 25

—

**1889**

# GROTTES PRÉHISTORIQUES

## DE LA TÉNARÈZE

La dénomination de Ténarèze désigne aujourd'hui, non plus seulement la voie romaine très anciennement connue sous ce même nom, mais aussi une partie du pays qu'elle traverse, depuis le nord de Lannepax (Gers) jusqu'à la limite des pins aux environs de Gabarret (Landes) et de Sos (Lot-et-Garonne), région naturelle, à laquelle ses produits alcooliques ont acquis une juste célébrité. Ayant jadis appartenu au diocèse d'Auch et, plus anciennement, au diocèse d'Eauze, la Ténarèze est aujourd'hui partagée entre les deux diocèses d'Auch et d'Agen (1). Deux rivières l'arrosent, l'Izaute et la Gélise, et c'est au sommet des côteaux qui dominent les vallées de ces deux rivières et de quelques-uns de leurs affluents que l'on peut voir d'assez nombreuses grottes, conservant encore des traces manifestes de leurs anciens habitants.

## I

Les premières se trouvent sur l'Izaute, dans la commune de Labarrère (Gers), à quelques pas de la route de Condom à Mont-de-Marsan par Castelnau-d'Auzan, près du moulin appelé de Saint-Orens, du nom d'une ancienne paroisse depuis longtemps disparue, que les Pouil-

---

(1) Cf. *Topographie des vignobles du Gers et de l'Armagnac*, par M. Jules Seillan, membre du Conseil général du Gers, Paris, 1872, p. 59; d'après cet ouvrage, la Ténarèze, dans le diocèse d'Agen, comprend Sos, Gueyze, Saint-Pé, Poudenas, Sainte-Maure et Réaup.

lés auscitains du moyen âge marquent en ces parages. La ligne des rochers, où elles sont pratiquées, naît sur la rive droite de l'Izaute. De ce point, la vallée se resserre considérablement, les côteaux se rapprochent, la plaine devient un ravin étroit et profond. Bientôt, en suivant les sentiers qui courent sur les flancs du côteau, on arrive devant les grottes. Il y en a quatre.

La première qui se présente à nous offre une très belle ouverture de 4$^m$, 35 de largeur, sur 1$^m$, 17 de hauteur, décrivant d'une extrémité à l'autre un arc surbaissé. Le fond, opposé à l'entrée, est divisé en deux compartiments demi-circulaires, séparés l'un de l'autre par le rocher lui-même, lequel s'avance entre eux de manière à constituer un pilier vaguement rectangulaire dont le sommet, en s'arrondissant, va se confondre avec la voûte de la grotte. La hauteur de la grotte est de 1$^m$, 20. A gauche, en entrant, s'ouvre une sorte de porte arquée de 1$^m$, 40 de hauteur et autant de largeur à la base. C'est par elle qu'on pénètre dans une autre grotte tout attenante.

Celle-ci est plus haute et de proportions plus régulières que la précédente. Elle présente la forme d'un rectangle arrondi aux angles et mesure du sol à la voûte 2$^m$, 10 de hauteur. Une cavité profonde en occupe le fond; on dirait presque une alcôve. Elle est creusée fort régulièrement à 0$^m$, 25 au-dessus du sol de la grotte, sur une longueur de 1$^m$, 97 et une hauteur de 1$^m$, 46. Une de ses extrémités s'enfonce dans l'intérieur du rocher, suivant le sens de la longueur, de manière à déterminer en ce point une sorte de niche obscure ou de chevet d'alcôve inaccessible aux rayons de la lumière. Le jour pénètre dans la grotte par une seule ouverture ronde, très grande et sans communication immédiate avec le sol extérieur, qui se trouve à 2 mètres environ au-dessous d'elle. Le seul endroit, par où l'on pouvait entrer de plain-pied dans cette grotte, était la porte intérieure déjà décrite qui la rattachait à la première grotte.

A la suite est une troisième grotte, à peu près semblable à la précédente, de forme rectangulaire comme elle, mais sans aucun compartiment intérieur. Elle a 3$^m$, 50 de profondeur sur 1$^m$, 70 de hauteur. Son entrée est en demi-cercle et présente au sommet, de chaque côté, deux cavités arrondies, pas très profondes, de 0$^m$, 25 de diamètre, qui paraissent avoir été disposées pour servir à un système de fermeture.

Vient ensuite la quatrième grotte. C'est la dernière de ce groupe et aussi la plus vaste. Elle mesure 5$^m$, 50 de profondeur, 1$^m$, 70 de hauteur et 5 mètres de longueur. Dans l'angle du fond, à gauche, on remarque un profond enfoncement en hémicycle. La lumière y pénètre par trois ouvertures de grandeur inégale, pratiquées dans le rocher, à 2 mètres environ au-dessus du sol extérieur.


## II


Un peu au-delà du confluent de la Gélise et de l'Izaute, on quitte le département du Gers et on entre par la commune de Saint-Pé-Saint-Simon dans celui de Lot-et-Garonne. Cette paroisse, comme une partie de celles qui s'étendent vers le nord, était, avant le Concordat de 1801, comprise dans le diocèse d'Auch. Elle porte dans les Pouillés du moyen âge le nom de Saint-Pé d'Homimort (1) et faisait alors partie de la vicomté de Boulogne (2). Aujourd'hui, elle embrasse les territoires des

---

(1) *Ecclesia Sci Petri de Homine mortuo.* Ce nom d'*Homimort*, abrégé en celui de *Mimort*, se retrouve dans une paroisse de l'antique archidiaconé d'Armagnac, près Aignan (Gers). Il a d'ailleurs complètement disparu aujourd'hui et Saint-Pé d'Homimort n'est plus connu que sous le nom de Saint-Pé ou Saint-Pé-Saint-Simon, par suite de l'union de Saint-Pé avec l'ancienne paroisse de Saint-Simon de Labat devenue annexe de Saint-Pé. Observons cependant qu'il y a encore dans Saint-Pé tout un quartier qui porte le nom de *Hemno-morto*.

(2) La vicomté et pays de Boulogne ou de Boulonnais comprenait les anciennes paroisses de Gueyze, Meylan, Saint-Pau, Saint-Pé d'Homimort, Saint-Simon de Labat, Saint-Michel de La Roque et Saint-Pé de Boulogne, alors dans le diocèse d'Auch. Ces diverses terres, ainsi que la seigneurie de Sainte-Maure, appartenaient au moyen âge à l'antique Maison de Noailhan, dont la descendance est aujourd'hui représentée par M. le comte de Noailhan, à Bordeaux, et par les jeunes enfants de feu M. le vicomte Amanieu de Noailhan et de madame la vicomtesse née de Saporta, MM. Amédée, Charles et Etienne de Noailhan, aux châteaux de Prat (Ariège) et de Saint-Martin de Noët (Landes). En 1445, la Maison d'Albret acquit du sire de Noailhan cette vicomté et celle de Sainte-Maure, en lui cédant les château et seigneurie de Buzet, en Agenais, et les garda au nombre de ses possessions jusqu'en 1645. Cette année-là, en effet, et le 30 juin, le prince de Condé, qui était devenu duc d'Albret le 2 mai 1641, échangea les seigneuries de Boulonnais et Sainte-Maure pour la baronnie de Durance (Lot-et-Garonne) avec noble Raymond de Lupiac-Montcassin, issu des anciens seigneurs de Montcassin près Casteljaloux, en Albret. Elles restèrent dans cette dernière famille jusqu'à la Révolution. En 1780, noble Charles de Lupiac-Montcassin, comte de Preissac, de Foix et de Candale, maréchal des camps et armées du Roi, baron de Cadillac (Gironde), Tournecoupe, Tudet et Gaudonville (Gers) et autres lieux, était seigneur et vicomte de Boulogne et Sainte-Maure. Cependant Saint-Pau et Meylan eurent au xviii* siècle des seigneurs particuliers. Vers 1720, messire Renaud de Frère, époux de dame Jeanne Darodes, était seigneur de Saint-Pau et Meylan. En 1743, ces deux seigneuries appartenaient à noble Jean Chrysostôme de Boileau, écuyer. Et celui-ci les ayant vendues à noble Claude de Métivier, écuyer, ce dernier les possédait encore en 1789 (Cf. Père Anselme, t. iii; *Dictionnaire de l'arrondissement de Nérac*, 1881, *passim*; papiers de M. et Mme J. Marrou, aux *Coumats*, en Saint-Pé; Archives de l'Hospice de Condom, iv, B, 96, 100, 168).

anciennes paroisses de Saint-Simon de Labat, de Saint-Pé de Boulogne et de Saint-Michel de La Roque. Dans ces limites nouvelles, elle possède de nombreux vestiges d'un passé très reculé (1), et, parmi eux, trois groupes de grottes qu'on peut, à bon droit, croyons-nous, considérer comme de vrais villages de l'époque de la pierre polie qui précède immédiatement les temps historiques.

La route qui, partant de Sainte-Maure (Lot-et-Garonne), se détache de la Ténarèze et descend vers la Gélise, conduit au premier de ces groupes. Dès qu'on a passé le pont dit du Peyré et qu'on se trouve sur la rive gauche de la Gélise, on aperçoit les grottes dans les rochers, sur la partie supérieure du coteau; on y arrive par des sentiers montueux et fort malaisés. Les unes sont bien conservées; d'autres ont été à peu près détruites par certains propriétaires, qui ont exploité et exploitent encore ces rochers pour des constructions diverses ou pour l'empierrement des chemins. Il est probable que celles qui ont survécu ne tarderont pas à disparaître, comme leurs aînées, sous le marteau des carriers. Aussi pensons-nous qu'il est bon de les signaler pendant qu'on peut encore les visiter et s'en rendre un compte exact.

Elles sont au nombre de cinq. L'une d'elles est double, comme à Saint-Orens, sur l'Izaute; on entre de la première dans la seconde par une arcature creusée dans le roc; toutes les deux sont d'égales dimensions et mesurent chacune environ 2 mètres de longueur sur 1$^m$, 50 de profondeur et de hauteur. On remarque à la voûte un petit nombre d'orifices qui s'arrondissent en cylindres parfaits, les uns plus larges que les autres et perpendiculaires au sol de la grotte. Ils pénètrent dans le rocher et, gardant partout le même diamètre de leur base, ils ont leur issue en dehors, de manière à laisser entrer la lumière par leur ouverture supérieure. Les plus larges ont de 0$^m$, 40 à 0$^m$, 45 de diamètre; les plus petites de 0$^m$, 15 à 0$^m$, 20. Il est à observer que le sol de la grotte possède aussi des orifices à peu près semblables; nous disons à peu près, car ils diffèrent des autres en ce qu'ils se perdent dans le rocher et sont sans issue. Ces orifices du sol se creusent justement au-dessous de ceux de la voûte, de sorte qu'une certaine relation paraît avoir existé entre eux, dès l'origine, selon toutes les probabilités.

(1) Nous indiquerons seulement ici les deux églises romanes de Saint-Pé et de Saint-Simon; le vieux manoir de Saint-Simon, sur la Gélise; divers fragments de poteries et de mosaïques gallo-romaines, sur le plateau de Saint-Pé, tout près de l'église; et une ancienne fontaine, très vénérée dans le pays, située près du chevet de cette même église et abritée par une construction voûtée qui semble remonter à la même époque que l'église, c'est-à-dire au XI$^e$ ou au XII$^e$ siècle.

Quelle a été cette relation ? nous l'ignorons complètement. Disons seulement, pour ce qui concerne les orifices de la voûte, qu'un habile et récent explorateur de grottes préhistoriques aux environs de la Marne, M. de Baye, a signalé dans ces grottes des orifices presque identiques et qu'il y voit des trous d'aération (1).

Un peu plus loin que cette grotte, à 5 ou 6 mètres environ, on en trouve une autre plus petite, mais qui n'offre rien de particulier. La plus intéressante de ce groupe est assurément celle qui se voit non loin de celle-ci, sur un plan élevé au-dessus des autres. Elle est la plus vaste et la plus haute et se développe en hémicycle. Le long des parois s'allongent comme des bancs massifs, taillés dans le rocher lui-même et légèrement arrondis à leur arête extérieure. Au-dessus de ces bancs, presque à hauteur d'homme, courent des sortes d'enfoncements peu hauts et peu profonds, en forme de quart de rond, que M. de Baye a aussi observés dans ses explorations et qu'il croit avoir été des étagères. La voûte de la grotte déborde à l'extérieur, en avant de l'ouverture, et rappelle assez une de ces *marquises* qui abritent l'entrée de quelques-unes de nos maisons modernes. Les orifices cylindriques, remarqués dans la grotte précédente, se retrouvent ici, mais en bien plus grand nombre.

Tout à côté de cette grotte, mais plus bas qu'elle, il y en a une autre entièrement creusée en forme de four et, d'ailleurs, pour rendre la ressemblance plus parfaite, noire comme un four. On n'y peut pénétrer que par une porte fort basse, taillée en rectangle très régulier de $0^m$, 70 de hauteur sur $0^m$, 45 de largeur. La hauteur de la grotte est de $0^m$, 90, sa largeur. de $3^m$, 50 environ. Il n'y a d'autre ouverture que la porte déjà décrite. Aussi la majeure partie de la grotte est-elle plongée dans l'obscurité la plus profonde. Le sol ici étant recouvert d'une épaisse couche de sable jaune, nous y avons opéré quelques fouilles, mais sans résultat. Les autres grottes n'ont pour sol que le rocher lui-même; aussi ne donnaient-elles lieu à aucune recherche.

Ici se terminent les grottes du Peyré. Nous disions qu'il y en a eu d'autres jadis. Ce qui le prouve, c'est que dans leur très proche voisinage et sur la même ligne qu'elles, on aperçoit, dans les rochers en exploitation ou déjà exploités, certains enfoncements qui ont été autrefois le fond de ces grottes disparues. Le témoignage des gens du pays ne laisse aucun doute là-dessus. On remarque aussi, dans les rochers

(1) Cf. *Archéologie préhistorique*, par M. le marquis de Nadaillac, *Correspondant* du 25 juin 1888.

2

mêmes, de nombreuses rainures demi-cylindriques, montant soit de la base, soit du milieu, au sommet des rochers, d'une largeur moyenne de 25 à 35 centimètres.

### III

Dès que l'on quitte les grottes du Peyré, si l'on suit la direction du midi vers l'annexe de Saint-Simon de Labat, on arrive bientôt à un second groupe de grottes, en un lieu appelé au Pont-Neuf, situé encore dans Saint-Pé (1). Le site est des plus âpres et des plus sauvages. Représentez-vous une gorge étroite, profonde, bordée de hauteurs escarpées que couvrent d'épaisses ramures et quelques maigres gazons. Un mince filet d'eau, appelé le ruisseau du Pont-Neuf, coule dans les herbes au fond de ce ravin et se dirige vers la Gélise. Là-haut, sur les côteaux, règne une longue ligne de rochers grisâtres un peu cachés par les feuillages noirs. Un vrai paysage des temps chevelus.

C'est au sommet de ces rochers, sur les côteaux de droite et de gauche que se trouvent nos grottes. Celles de gauche, pratiquées à 5 ou 6 mètres au-dessus du sol et entourées de végétations inextricables, ne sont pas facilement abordables, et nous devons dire qu'il a fallu nous contenter de jeter sur elles un regard très superficiel. On les aperçoit assez bien, par-dessus les frondaisons, du sommet du coteau de droite; nous n'avons pu en voir que deux, dont l'une a une ouverture rectangulaire; on dit cependant qu'il y en a d'autres.

Quant aux grottes de droite, on y arrive sans trop d'embarras, en gravissant des pentes abruptes et gazonnées. La première qui s'offre à nos regards possède une ouverture un peu arrondie de 1ᵐ, 60 de largeur sur 0ᵐ 95 de hauteur. Sa profondeur intérieure est de 1ᵐ, 45. La voûte, comme d'ailleurs dans toutes les autres grottes dont nous avons parlé jusqu'ici, se développe en forme de cul-de-four et n'a qu'un seul orifice cylindrique, placé au centre même; ainsi que ceux déjà signalés, cet orifice s'enfonce dans le rocher et débouche à une hauteur de 80 centimètres.

(1) Ce lieu est depuis très longtemps connu sous le nom de Pont-Neuf. Les comptes consulaires inédits de Montréal le mentionnent dés 1411 en ces termes: « *Item fu tremes a Sent Pe de Homi mort prene la possecion deu prat deu Pont Nau lo III jorn aprop la Maddalena, E done a bebe au bayle et aus crestians. et begon IIIIᵉ piches de bin q costen III s. IIIIᵉ dines,* » On voit assez qu'on était en juillet et que ces braves *crestians* (cagots) avaient soif.

Comme au Peyrè, on voit aussi, le long de ces rochers, monter perpendiculairement vers le sommet de nombreuses rainures demi-cylindriques d'une largeur de 25 à 35 centimètres environ. De plus, on peut remarquer, dès qu'on a gagné la vallée de la Gélise, qui se trouve à quelques pas d'ici, que les rochers des coteaux de la rive gauche de cette rivière se creusent en retrait à peu près à angle droit, et cela sur des longueurs de quelques centaines de mètres, de manière à former de lougs enfoncements de 60 à 70 centimètres environ de hauteur et de 30 à 40 centimètres de largeur. Ces enfoncements pouvaient à la rigueur servir d'abri.

Mais, parmi toutes les grottes de la Gélise et de l'Izaute que nous avons pu visiter, la plus belle et la plus curieuse est l'une de celles du Pont-Neuf. A cause de son parfait état de conservation et des marques irrécusables d'habitation primitive qu'elle offre encore, nous croyons devoir préciser nos renseignements.

Elle est située sur la même ligne que les voisines, au nombre de trois, d'ailleurs si semblables aux autres déjà décrites que nous n'en parlerons pas autrement. La porte, rectangle parfait sur trois côtès, s'arrondit légèrement en arc de cercle à la partie supérieure; elle a 1$^m$, 10 de hauteur et 0$^m$, 90 de largeur. Dès qu'on a franchi le seuil, on se trouve en présence d'une grotte intéréssanté moins par ses dimensions que par des marques évidentes d'antique habitation. Trois fenêtres l'éclairent, l'une à gauche de la porte d'entrée, les deux autres à droite. La première s'ouvre dans un enfoncement circulaire formant embrasure, avec une sorte d'accoudoir à la partie inférieure; elle est ovale ou, plus exactement, elliptique et mesure 50 centimètres de hauteur sur 35 de largeur, au point le plus large. Des deux autres, l'une offre l'aspect d'un triangle à peu près rectangle de 30 centimètres de côté environ; l'autre, à côté de celle-ci, rappelle, à s'y méprendre, une de ces hautes et étroites meurtrières qu'on voit si fréquemment dans les tours et remparts du moyen âge; elle a 40 centimètres de haut sur 6 de large. Ne serait-ce pas là un indice que cette grotte du moins, et peut-être les autres aussi, servirent de refuge aux populations de ce pays durant les guerres du moyen âge? Nous verrons d'ailleurs que telle fut leur destination en 1789, à l'époque des troubles qui suivirent en province la chute de la Bastille. Toutes ces fenêtres sont creusées dans des embrasures de forme circulaire, avec accoudoir inférieur.

Le fond de cette grotte, opposé à l'entrée, se divise en deux compartiments. Un mur les sépare, formé par le rocher lui-même, qui sur ce point a été taillé pour établir entre eux une démarcation. Chacun de ces compartiments est de dimensions semblables et mesure 1<sup>m</sup>, 85 de largeur sur 1<sup>m</sup>,10 de profondeur; leur hauteur est la même que celle de la grotte. L'un d'eux, celui que le visiteur voit à sa gauche en entrant, est occupé sur toute sa largeur par un banc massif taillé dans le roc très régulièrement et ayant 60 centimètres de largeur. Aux deux extré-mités du banc, dans les parois latérales de la grotte et du mur de sépa-ration, sont creusés deux petits enfoncements rectangulaires de 20 centimètres de hauteur sur 75 de largeur. Au cas où ce banc aurait servi de lit, ont eût pu, grâce à ces deux cavités, établir des points d'arrêt destinés à empêcher le dormeur de tomber. Ajoutons qu'il n'y a pas ici d'orifice cylindrique à la voûte; celle-ci est entièrement mas-sive. Les habitants de cette grotte jugèrent sans doute que l'aération de leur demeure devait être suffisamment facilitée par la porte et les trois fenêtres.

La porte d'entrée présente de chaque côté de sa partie supérieure deux petites cavités, l'une ronde, l'autre rectangulaire, et peu profon-des. Ces cavités ont été observées déjà en d'autres grottes et nous avons dit à quoi elles nous paraissent avoir servi. Juste en face de la porte se présente le mur de séparation des deux compartiments, d'une épaisseur de 50 centimètres environ. En s'avançant du fond de la grotte vers l'intérieur, ce mur offre, au point où il s'arrête, la forme très caracté-risée d'un pilier quadrangulaire avec base ou stylobate à surface par-faitement plane, d'une hauteur de 70 centimètres et datant, on le voit trop, de la première enfance de l'art. Ajoutons enfin que les entailles, dont les marques apparaissent très visibles partout sur les parois, obli-ques au sol, ont dû être faites avec des instruments très imparfaits. Elles sont du moins assez grossières, manquent d'arêtes vives et bien déterminées, et affectent même sur quelques points une forme arrondie, dessinant ainsi d'innombrables lignes en diagonale, tour à tour con-vexes et concaves.

Notre grotte est recouverte d'une terre très meuble à un niveau égal à celui du seuil de la porte. Nous y avons fouillé un peu dans tous les sens, sans y rencontrer autre chose que quelques débris de charbons, attachés à l'humus gris le plus rapproché du vrai sol de la grotte. Le rocher apparaît à 30 centimètres environ au-dessous du sol actuel. Ces fouilles nous ont cependant permis de relever un détail de plus, et qui a bien son importance, puisqu'il établit entre ces grottes et celle de la Marne un nouveau trait de ressemblance (1). Nous avons reconnu

(1) Cf. *Correspondant* du 25 juin 1888, *loco citato*.

que le seuil de la porte communiquait avec le sol primitif, aujourd'hui caché sous le sable, par un perron, taillé dans le roc, de deux degrés, le dernier un peu plus large que le premier, et celui-ci un peu moins étroit que le seuil lui-même. Ces deux degrés, le premier surtout, présentent sur leur milieu des traces d'usure, prouvant bien que les habitants de la maison les ont descendus et remontés plusieurs fois. Nous y avons trouvé aussi quelques morceaux de poterie certainement ancienne, mais si menus et si dépourvus de tout caractère qu'il serait imprudent de formuler à cet égard une conclusion quelconque. Quant aux charbons, faut-il penser qu'ils sont de l'époque préhistorique? Ce fait, qu'ils ont été découverts mêlés à la couche inférieure d'humus, pourrait, au premier abord, induire à le croire. Nous ne devons pas cacher cependant qu'en 1789, pendant huit jours à peu près, du 31 juillet au 7 août, à la suite d'une effroyable panique qui chassa les populations de leurs maisons, depuis Auch et au delà, jusqu'à Nogaro, Eauze et Sos, au moins, les habitants de Saint-Pé se réfugièrent dans leurs grottes et y firent tant bien que mal leur ménage (1). Il se peut donc très bien que ces charbons soient de récente origine.


## IV


Notre troisième groupe de grottes se trouve au-dessous d'un petit vallon, aussi solitaire et aussi encaissé que celui du Pont-Neuf, au centre même de l'ancienne paroisse de Saint-Michel de la Roque, jadis annexe de Saint-Pé d'Homimort, entre le Pont-Neuf et le Peyré. Chose

(1) Voici en quels termes le curé de Saint-Pé d'Homimort, M. Antoine Mailhos, consignait le fait sur les registres paroissiaux : « Le 31 juillet et le 1ᵉʳ août de la dite année (1789) furent deux jours d'alarmes à cause des feaux bruits qui s'étaient répandus que 4000 brigands venaient visiter les campagnes. On sonna le tocsin la 1ʳᵉ fois, et la 2ᵉ fois vers 4 heures et demi du soir. Tous les habitants s'armèrent, les uns de fusils, les autres de volans ou de feaux qu'on avait dressé et se rendirent à Sos conjointement avec les paroisses voisines pour repousser les prétendus brigands. Il est à remarquer que l'alarme fut beaucoup plus considérable le 1ᵉʳ août. Elle le fut tant qu'on avait vidé certaines maisons pour cacher les effets et que les femmes et enfants *furent se retrancher dans les roches* et dans les endroits reculés de leurs maisons. Cette alarme cependant prit fin vers le 7, à 8 heures du soir. » On pourra encore consulter sur cette panique les *Annales de la ville d'Auch* par Filhol, propriétaire. L'impression fut telle que le souvenir de ces mauvais jours s'est perpétué jusqu'à présent. Il n'est pas rare de rencontrer encore en Armagnac des personnes qui narrent tout au long plus d'une d'histoire relative à cette panique. Dans ces récits, l'année 1789, pendant laquelle eut lieu ladite panique, est connue sous le nom de *l'annado de la pòu*, l'année de la peur.

curieuse et, croyons-nous, très rare, peut-être même unique dans nos
régions, une de ces grottes, qui, de même que les autres fort probablement, avait été une habitation préhistorique, fut plus tard disposée et
arrangée par les chrétiens de ce pays en église. Dédiée à saint Michel,
elle prit, du lieu même où elle était, le nom de la Roque et devint
l'église Saint-Michel de la Roque, centre d'une petite agglomération de
fidèles. Le manuscrit de Mᵉ Claverie sur l'enquête de 1546 (1) décrit
ainsi notre église : elle est, dit-il, « dessoubs une roche, bien pauvre-
ment bastie en lieu dangereux à descendre. » Le fait est que, même de
nos jours, il n'est pas fort aisé d'y arriver.

Elle s'élève à l'extrémité du val qui a reçu d'elle le nom de Saint-
Michel et où coule le modeste ruisseau du même nom, à gauche, dans
les rochers, dominant les pentes rapides qui vont expirer au bord du
ruisseau. Elle a environ 7 mètres de longueur et 3 de largeur. Le sanctuaire est isolé du reste de la nef par un arc à plein cintre taillé en
relief dans le rocher. On y voit, du côté de l'Evangile, une armoire
rectangulaire creusée aussi dans le roc. L'autel a disparu, mais l'em-
placement apparaît au fond du sanctuaire, lequel se termine par un
chevet droit. La nef n'a que deux travées. A côté de la travée terminale
se voit un enfoncement en hémicycle, qui a pu servir de sacristie ou
de confessionnal. Les retombées des voûtes s'appuient au rocher de la
grotte par de grosssières arêtes ; du côté opposé au rocher, par conséquent de côté extérieur de la grotte, les voûtes se terminent en formant,
au point où elles s'arrêtent, deux sortes de chapiteaux quadrangulaires,
très évasés, qui ne reposent sur rien. il ne faut pas oublier, en effet,
que tout cela est taillé dans le rocher et que par conséquent l'architecte
avait toute latitude pour économiser les piliers ou les colonnes.

Il est à noter que notre texte de 1546 parle de « pauvres bastiments »
au sujet de cette église. Ces bâtiments, dont quelques rares ruines
apparaissent encore, — non sans bien chercher sous les ronces et les
hautes herbes qui les recouvrent complètement — étaient situés contre

---

(1) Ce manuscrit, actuellement en cours de publication dans la *Revue de Gascogne*, contient le procès-verbal d'une enquête qui fut faite à cette époque, sur
l'ordre du cardinal de Tournon, archevêque d'Auch, dans les paroisses de son
diocèse comprises dans les pays d'Armagnac, Gabardan, Boulonnais et Albret.
On y voit que, dès l'année 1540, les gens de Saint-Michel de La Roque, trou-
vant leur église-grotte trop incommode, avaient commencé de bâtir une église
nouvelle dans les champs qui s'étendent au-dessus des rochers. En février
1547, cette église était presque achevée; elle avait son clocher à éventail semblable à celui de Saint-Pé, son clocher, son cimetière muré; il ne restait plus,
pour la terminer complètement, qu'à faire « trois arcs de voulte ». Aujourd'hui,
et cimetière, et église, tout a disparu entièrement et depuis de longues années,

la grotte et un peu en avant, parallèlement à la nef du rocher. Ils formaient probablement une seconde nef, que les descendants des fondateurs de cette église-grotte, ancêtres des ancêtres de 1546, avaient dû construire pour l'annexer à l'église de la grotte, qui était l'église primitive, et aggrandir d'autant celle-ci.

A quelle époque eurent lieu cette installation d'une église dans cette grotte et cet agrandissement? Il est actuellement impossible de rien préciser sur ces deux points. Toutefois, le grand et le moyen appareil, employés dans un débris encore existant de ces bâtiments, semblent indiquer l'époque romane, c'est-à-dire le xi$^e$ ou le xii$^e$ siècle. Et d'ailleurs, ce fait, que des bâtiments en pierre de taille de grand et moyen appareil parurent assez délabrés en 1546 pour être qualifiés de « pauvres bastiments, » en démontre bien l'antiquité. Il y a plus : le cimetière paroissial se trouvait sur le plateau au-dessus même de la grotte-église. Nous y avons vu, reposant encore dans le sol, un sarcophage de pierre, dont le couvercle avait disparu, plein de terre et d'ossements brisés, mais sans autre indication. Or les cimetières mérovingiens et ceux du moyen âge ont fourni nombre de sarcophages de ce genre (1). Ce cercueil indiquerait donc aussi que cette église est fort ancienne et peut remonter au moins à l'une des deux époques dont nous parlons plus haut. Cette conclusion nous paraît s'imposer pour indiquer la date approximative de l'agrandissement de l'église-grotte.

Il n'est pas aussi facile de dire en quel temps notre grotte fut changée en église. Nous pouvons cependant donner les éléments d'une solution très probable. Cénac-Moncaut (2) assure qu'on trouve dans l'Ariège, entre Tarascon et les Cabanes, des grottes que les gens du pays appellent *gleisos* (églises); d'après lui, ces grottes auraient servi de retraite, durant les invasions musulmanes du vii$^e$ et du viii$^e$ siècles, aux prêtres et aux fidèles, et les saints mystères y auraient été célébrés. Or nous tenons du propriétaire de l'endroit qui nous occupe, qu'en labourant ses champs il a maintes fois rencontré, dans la pièce de terre qui fut l'ancien cimetière de La Roque et où se voit le cercueil cité précédemment, des monnaies et des débris d'armes, aujourd'hui malheureusement égarés. Et l'on sait que les sépultures de l'ère mérovingienne ont souvent donné lieu à des trouvailles de cette sorte (3). Nous pourrions nousmême citer un cimetière, remontant certainement à cette époque, qui

---

(1) Cf. *Abécédaire* de M. de Caumont, *Architecture religieuse, passim.*

(2) *Histoire des Pyrénées* (Paris, 1874), t. i, p. 479.

(3) Cf. Caumont, *Architecture religieuse. ère romane primitive*, p. 66 et suivantes.

fut découvert vers 1852 dans la plaine de l'Osse, près Mouchan (Gers), en un lieu dit Gelleneuve, où l'on peut voir encore de nombreux débris de construction en pierre de petit appareil, lequel était l'appareil le plus usité durant la période gallo-romaine; ou y trouva une cinquantaine de sarcophages de pierre et des quantités d'armes et de boucles de ceinturon, dispersées depuis de tous côtés. Il est donc à croire que le cimetière de La Roque appartient, comme celui-ci, à l'époque mérovingienne. Par conséquent, la date d'origine de cette église-grotte peut être reportée au viie ou au viiie siècle, sinon même à des temps antérieurs (1).

A côté de cette grotte-église, on remarque trois autres grottes, dont deux communiquent entre elles. Elles s'ouvrent toutes sur un plan très supérieur au niveau du sol environnant, et on n'y peut même accéder qu'au moyen d'une échelle. Elles offraient donc pour la défense une ressource précieuse. Disons enfin qu'ici, comme dans la plupart des grottes des autres groupes, il a été impossible de songer à pratiquer des fouilles; on s'y heurte partout au roc vif.

Signalons encore plusieurs autres grottes qu'on nous a dit exister depuis le lieu dit à Bournic sur la Gélise en Castelnau-d'Auzan (Gers), jusqu'à Poudenas (Lot-et-Garonne), suivant toujours le cours de la Gélise et de quelques-uns de ses affluents. Nous n'avons pu encore en voir qu'un petit nombre. Nous indiquerons parmi elles les plus fameuses par les traditions qui s'y rattachent et le culte superstitieux dont elles sont demeurées l'objet. Elles se cachent à la naissance de l'étroit et profond ravin du Key, aux portes même de Sos, sous de vraies cascades de rochers. Là, accourant des prairies supérieures, le Key tombe et se brise, pour rebondir et se précipiter de nouveau vers le fond du gouffre. Les voûtes de ces grottes sont hérissées d'innombrables stalactites de forme mamelonnée; et toujours une eau cristalline s'échappe en gouttes abondantes des extrémités de ces mamelles de pierres. C'est

---

(1) Il est d'ailleurs certain, d'après Saint-Grégoire de Tours et d'autres auteurs (Cf. *Chroniques de l'Eglise d'Auch, preuves de la 1re partie*, p. 7) que, dès le ve siècle, nos campagnes du Sud-Ouest, et particulièrement celles du diocèse d'Eauze où se trouvait situé le territoire de Saint-Michel de La Roque, comptaient de nombreuses églises. Beaucoup furent détruites pendant la terrible persécution qui sévit vers 460, sous l'arien Euric, roi des Wisigoths. Or, si quelqu'une de ces églises rurales devait résister à la fureur de la soldatesque arienne, c'était bien assurément notre église-grotte de Saint-Michel que ses rochers rendaient à peu près indestructible. Nous ajouterons ici qu'on se propose présentement à Saint-Pé d'opérer quelques restaurations religieuses dans cette antique grotte qui est, sans doute, de tous les sanctuaires dédiés par la piété de nos pères au glorieux archange, le plus ancien qui subsiste dans nos régions. Ce présent opuscule se vend au profit de cette œuvre.

pour cette dernière particularité que de temps immémorial ces grottes sont connues sous le nom de *las Poupetos*.

Il existe aussi dans Gueyse et Sainte-Maure un certain nombre d'autres grottes. Elles sont pratiquées, comme celles de Saint-Pé, dans les rochers supérieurs des coteaux, dominant quelques vallons qui se dirigent vers la plaine de la Gélise; on les aperçoit très bien du haut des routes de Gabarret (Landes) et de La Mothe-Gondrin (Gers) à Sos, et, autant qu'on peut en juger par cette première et rapide vue, elles doivent remonter à la même époque que celles de Saint-Pé; les ouvertures en effet sont ici encore parfaitement rectangulaires.

<h2 style="text-align:center">V</h2>

Si maintenant on veut remarquer que ces grottes ont été habitées pendant quelque temps durant l'été de 1789, ainsi que nous l'avons observé plus haut, et comme d'ailleurs il est assez naturel de croire que ces derniers habitants durent débarrasser les grottes de tout ce qui pouvait les encombrer, afin de s'y mieux installer eux-mêmes, on comprendra qu'on n'y ait pas découvert le moindre objet antique. La preuve décisive, démontrant le préhistorique de ces grottes, fait donc totalement défaut. Mais, en dehors de cet argument, il est un faisceau de probabilités telles qu'elles nous semblent fort établir à cet égard une certitude complète.

Il y a d'abord les points de ressemblance, que nous avons notés, entre ces grottes et celles de la Marne, dont le préhistorique n'est point contestable. En outre, les environs de Saint-Pé, et Saint-Pé lui-même, comme nous le verrons plus bas, ont été habités certainement dès les temps préhistoriques; c'est ce que prouvent avec la dernière évidence le *cromlech* et le *menhir* de Meylan et de Saint-Pau situés à 4 k. environ au nord de nos grottes. A la vérité, ce cromlech, qui formait une enceinte déterminée par neuf pierres fichées dans le sol et disposées en ellipse, a aujourd'hui disparu. Mais le dessin, qui eu a été publié en 1842 dans le premier volume de *la Guienne monumentale*, p. 10, ne saurait laisser le plus léger doute sur le caractère préhistorique de ce monument de l'âge de la pierre polie. De plus, toute cette région aotiato ost couverte de tumulus déjà reconnus (1); et

---

(1) Cf. *Dictionnaire de l'arrondissement de Nérac*, édition Faugère-Dubourg, 1881, p. 373. Ailleurs, p. 128, M. Faugère-Dubourg soupçonne l'existence d'une

nous pouvons ajouter qu'on voit à Saint-Pé, sur quelques points isolés, certains exhaussements de terrain qui offrent toute l'apparence d'un tumulus. Ainsi, il est certain que des traces irrécusables d'habitants préhistoriques se retrouvent aux environs de Saint-Pé et de Saint-Orens, particulièrement vers le nord. Le préhistorique ne s'affirme pas moins au midi et à l'est de nos grottes, sur divers points de la Ténarèze. Certaines collections particulières, qu'on peut voir à Montréal et à Gondrin, fournissent amplement à cet égard toutes les preuves désirables.

Du reste, — et si nous ajoutons cette considération, c'est que nous ne croyons pas qu'il nous soit permis de négliger le moindre indice pouvant apporter quelque élément à la solution de la question, — le souvenir des habitants de cet âge antique paraît s'être conservé dans les légendes du pays qui se rapportent à ces grottes.

On sait en effet que, parmi les grottes dont l'origine préhistorique est indiscutable, plusieurs ont reçu, des populations qui les avoisinent, et dès une époque très reculée, le nom de *grottes des Fées* ou des *Fadets*. Nous citerons avec M. de Mortillet (1), les grottes des Fadets, à Lussac-les-Chateaux (Vienne) et à Vilhonneur (Charente), les grottes des Fées à Arcy-sur-Cure (Yonne), Brison-Saint-Innocent (Savoie) Chatelperron (Allier), Cognien (Isère), Marchamps (Gironde) et Sail-de-Cousan (Loire). Or, s'il faut en croire de nombreux récits traditionnels et à peu près uniformes en ce pays, nos grottes de Saint-Orens et de Saint-Pé ont été aussi le séjour de tout un peuple de fées, *hados, hadets* et *hadouns*. Le passant, qui vers minuit s'égarait en ces vallons solitaires, apercevait souvent des êtres aux formes fantastiques, menus et légers comme une plume de cygne, flotter dans les airs au-dessus des vapeurs argentées des ruisseaux, effleurer de leur pied muet les cimes des bois endormis, étendre sur les rochers, pour le faire sécher au clair de lune, le linge de leurs maisonnées ; et parfois même il entendait leurs chants aux paroles inconnues s'élever dans la nuit comme un mourant écho d'une musique lointaine. Bonnes d'ailleurs et douces au pauvre monde, elles seules, les fées des grottes, savaient les magiques secrets des feuilles de l'aulne et de l'orme qui,

cité lacustre à quelques kilomètres au nord de Saint-Pé, dans les marais de Durance. Il ajoute que « les sépultures, dolmen ou allées funéraires sont communes aux environs » et qu'on en a exhumé des haches de pierre et divers instruments en os, sans y avoir rencontré trace de métal.

(1) Cf. le *Préhistorique*, par M. de Mortillet, Paris, 1882, p. IX, 369, 401, 402, 430, 432, 435, 436, 437 et 438.

s'ils avaient été révélés, auraient pu changer en des bâtons d'or l'aiguillon des bouviers. Mais ce secret est demeuré inconnu, et on n'a pas encore vu s'accomplir le prodige en question. Telles sont, au résumé, les traditions des anciens, et il semble qu'on peut bien les regarder, ainsi qu'en tant d'autres endroits, comme l'expression d'un vague et lointain souvenir des premiers habitants de ces grottes.

Il n'est pas même jusqu'à ce nom de Saint-Pé d'*Homimort* qui ne donne lui aussi sa note dans ce concert de probabilités. On le retrouve, en effet, appliqué à une station préhistorique du département de la Lozère à Saint-Pierre de Tripiez ; une grotte de l'âge de la pierre polie y porte le nom d'Homimort (1). Ce vocable ne serait-il pas attribuable à la découverte de quelque cadavre dans les grottes ainsi désignées, en des temps évidemment fort reculés ? C'est là, d'ailleurs, une simple question que nous posons, sans prétendre autrement la résoudre.

Mais voici un dernier fait qui nous semble jeter sur le problème une lumière définitive. A 300 mètres environ des grottes du Pont-Neuf est le lieu dit à Callonge. Or, on a découvert, il y a une dizaine n'années à Callonge, un vrai cimetière préhistorique remontant à l'âge de la pierre polie. M. Piette, ancien juge de paix à Eauze, qui le premier eut connaissance de cette trouvaille, en parle en ces termes : « Vers la fin des temps préhistoriques, il y eut une innovation dans les rites funéraires : les tumulus et les cromlechs furent supprimés (2) ; on enterra les urnes dans des sillons parallèles, ou on les enfouit çà et là, sans ordre, à une petite profondeur, selon la manière des Belges rémois et suessioniens. Il y a un de ces cimetières que rien n'annonce extérieurement à Callonge, commune de Saint-Pé-Saint-Simon, dans le Lot-et-Garonne, près de Sos. Appelé dernièrement par M. Dat (propriétaire de ce lieu) pour déterminer l'âge des antiquités qu'il y avait trouvées, je reconnus qu'elles appartenaient à la même civilisation que celle d'Avezac (Hautes-Pyrénées). Elles sont la dernière expression de l'industrie celtique. Car dans cette nécropole où la cendre des morts a été déposée de tous côtés à une petite profondeur, le vase cinéraire celte côtoie le vase romain et l'amphore. Ces sépultures datent donc des temps qui ont immédiatement précédé la conquête de la Gaule et de

---

(1) Cf. le *Préhistorique*, par M. de Mortillet, p. 600 et suivantes.

(2) L'existence du cromlech de Saint-Pau et les nombreux tumulus de la région prouveraient donc que, même antérieurement à la fin des temps préhistoriques, ce pays avait eu des habitants.

ceux qui l'ont suivie. On peut dire quelles sont aquitaniennes (1). » Il est donc certain que Saint-Pé fut habité avant les temps historiques et de là nous croyons qu'on peut parfaitement conclure, même en l'absence de la preuve topique, que les grottes décrites plus haut sont véritablement préhistoriques.

(1) Cf. *Matériaux pour servir à l'histoire de l'homme par Cartailhax*, 1881, t. XVI, p. 539-549 : *note sur le tumulus de Bartrés et d'Ossun (Hautes-Pyrénées) par M. Piette.*

Auch, imprimerie et lithographie G. FOIX, rue Balguerie.